- RATTEN -

WOLF ERLBRUCH

RATTEN

MIT
DEM GEDICHT
– SCHÖNE JUGEND –
VON
GOTTFRIED BENN

Jacoby Stuart

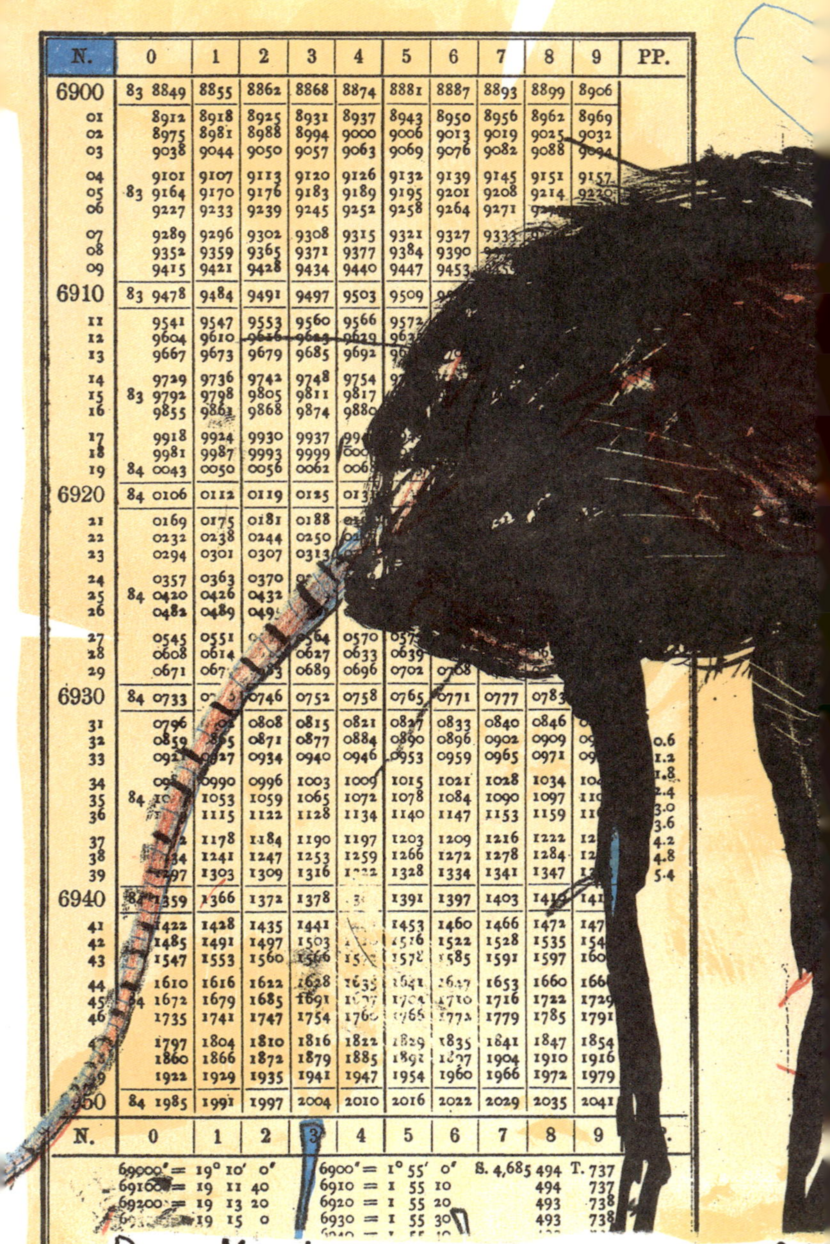

Der Mund eines Mädchens, das lange im Schi

legen hatte, sah so angeknabbert aus.

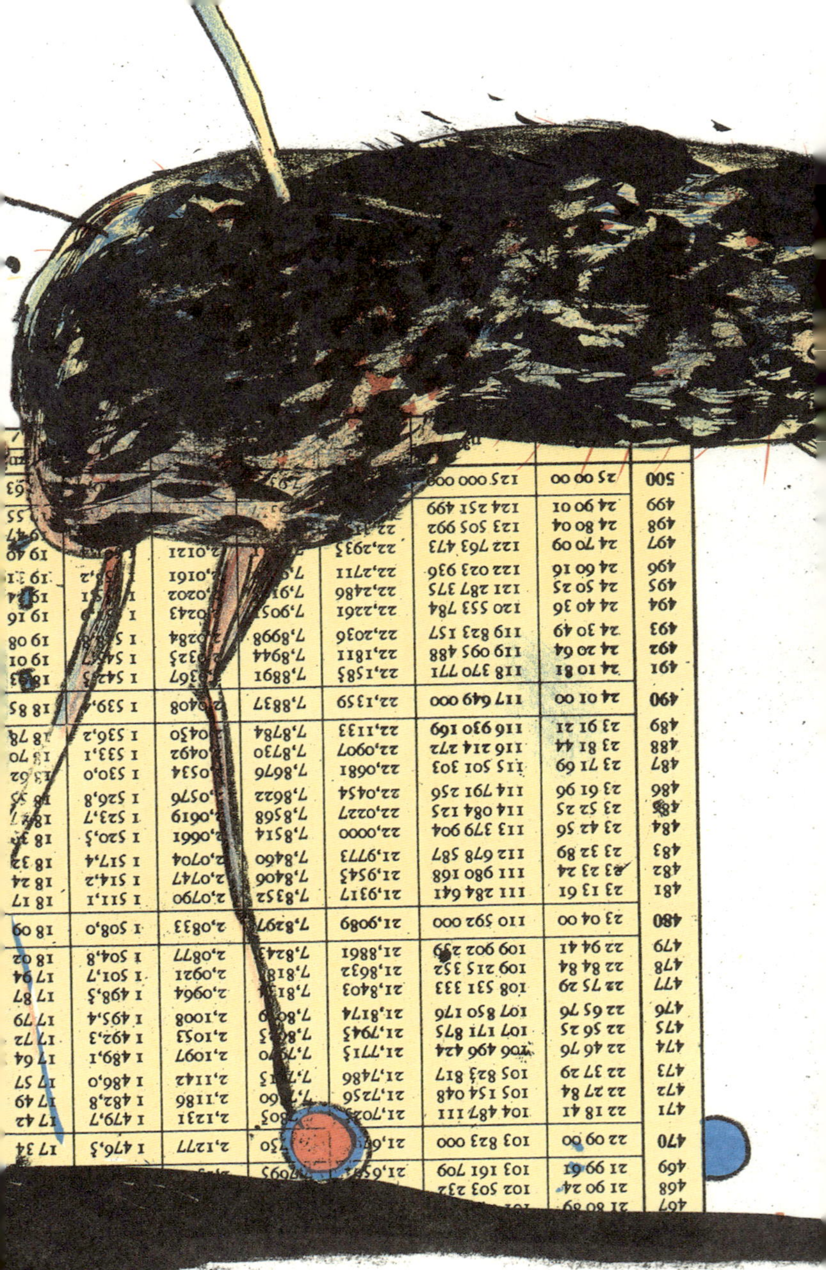

Als man die Brust auf brach, war

die Speiseröhre so löcherig.

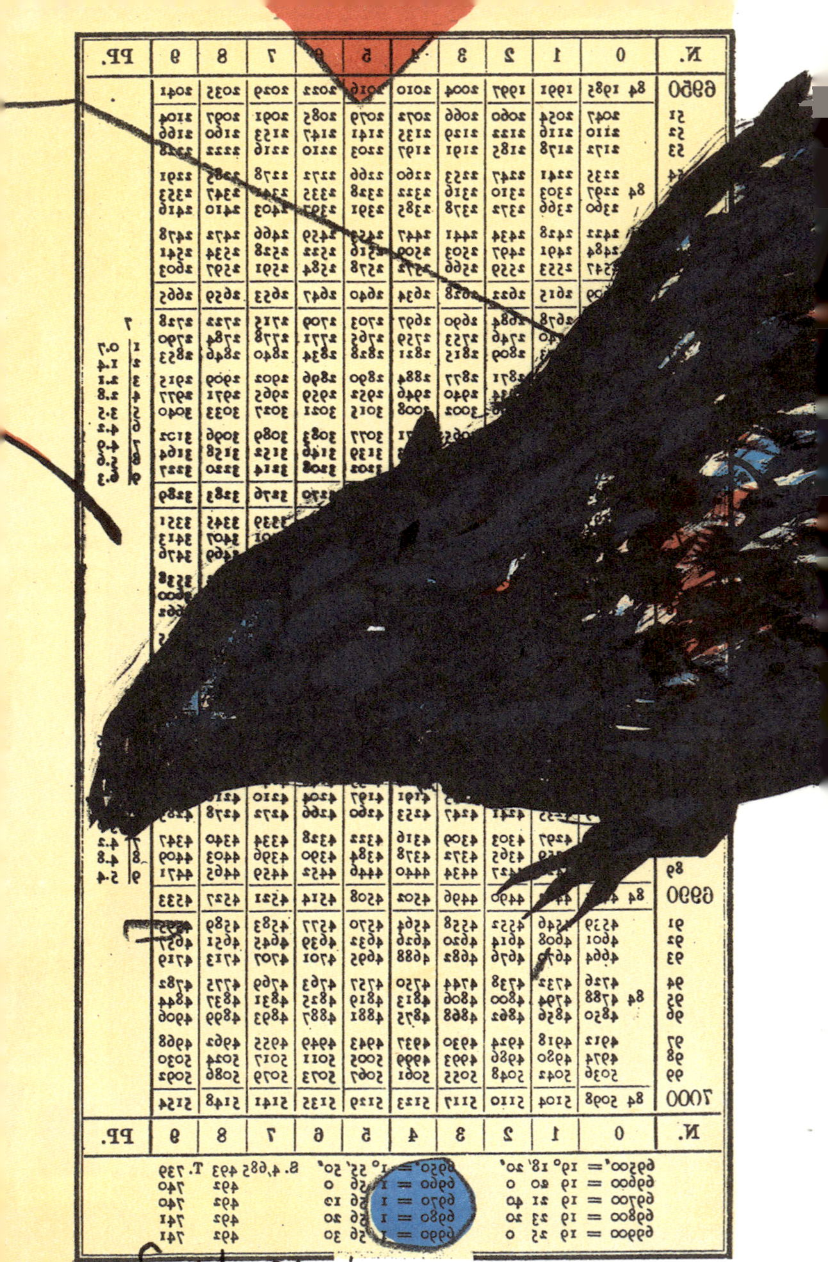

Schließlich in einer Laube unter

–werchfell

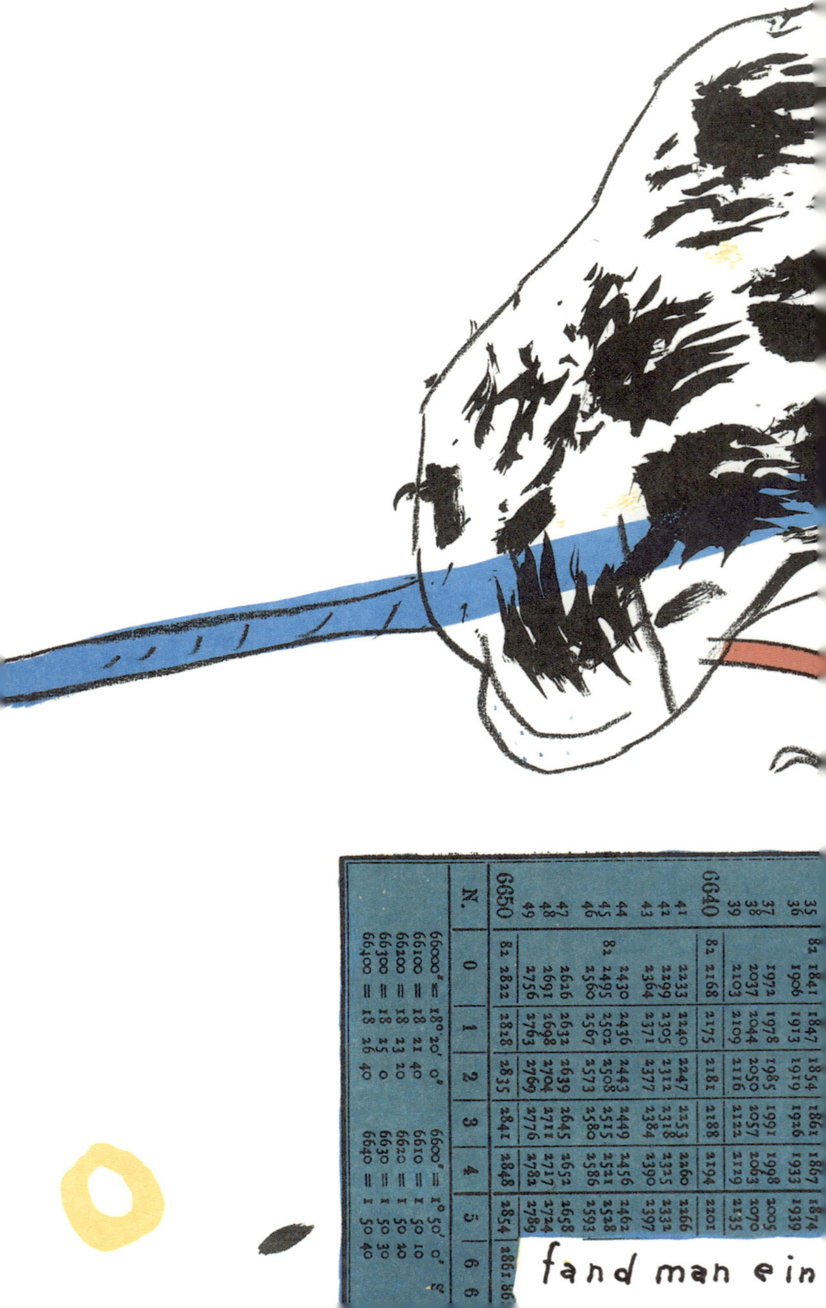

fand man ein

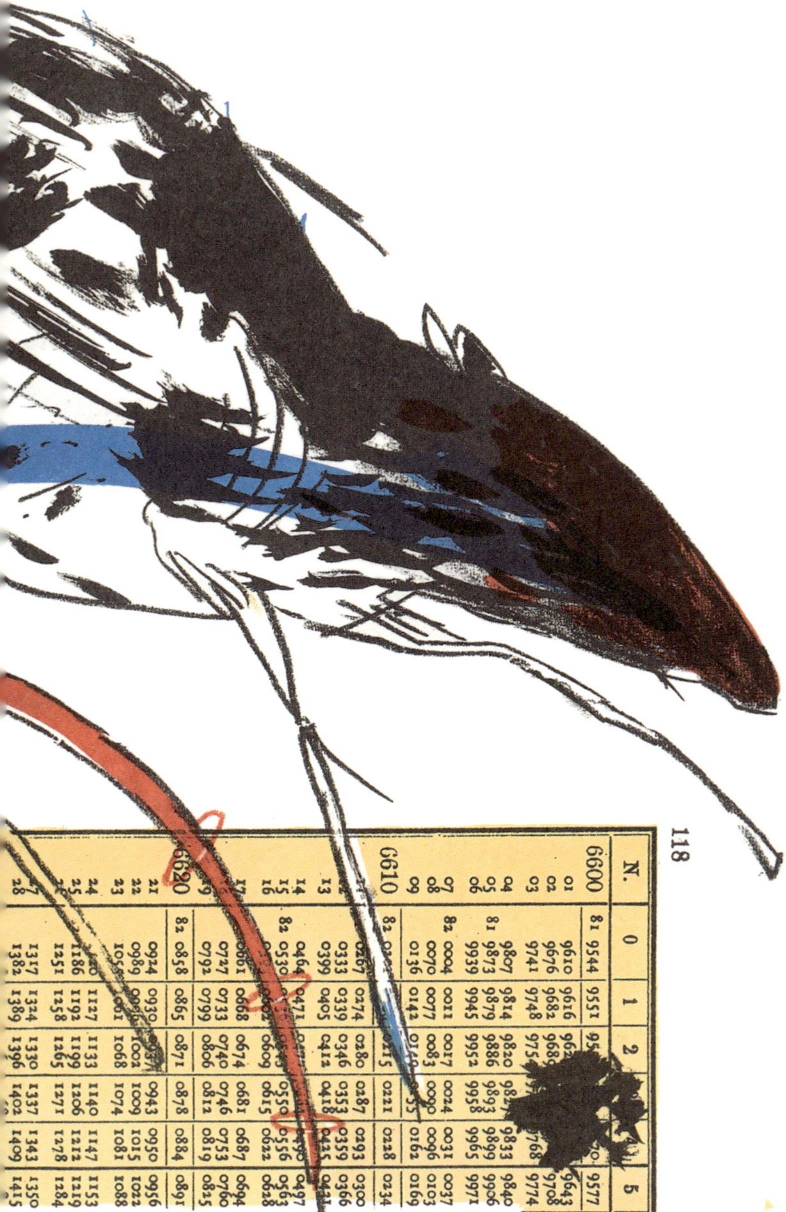

Nest von jungen Ratten.

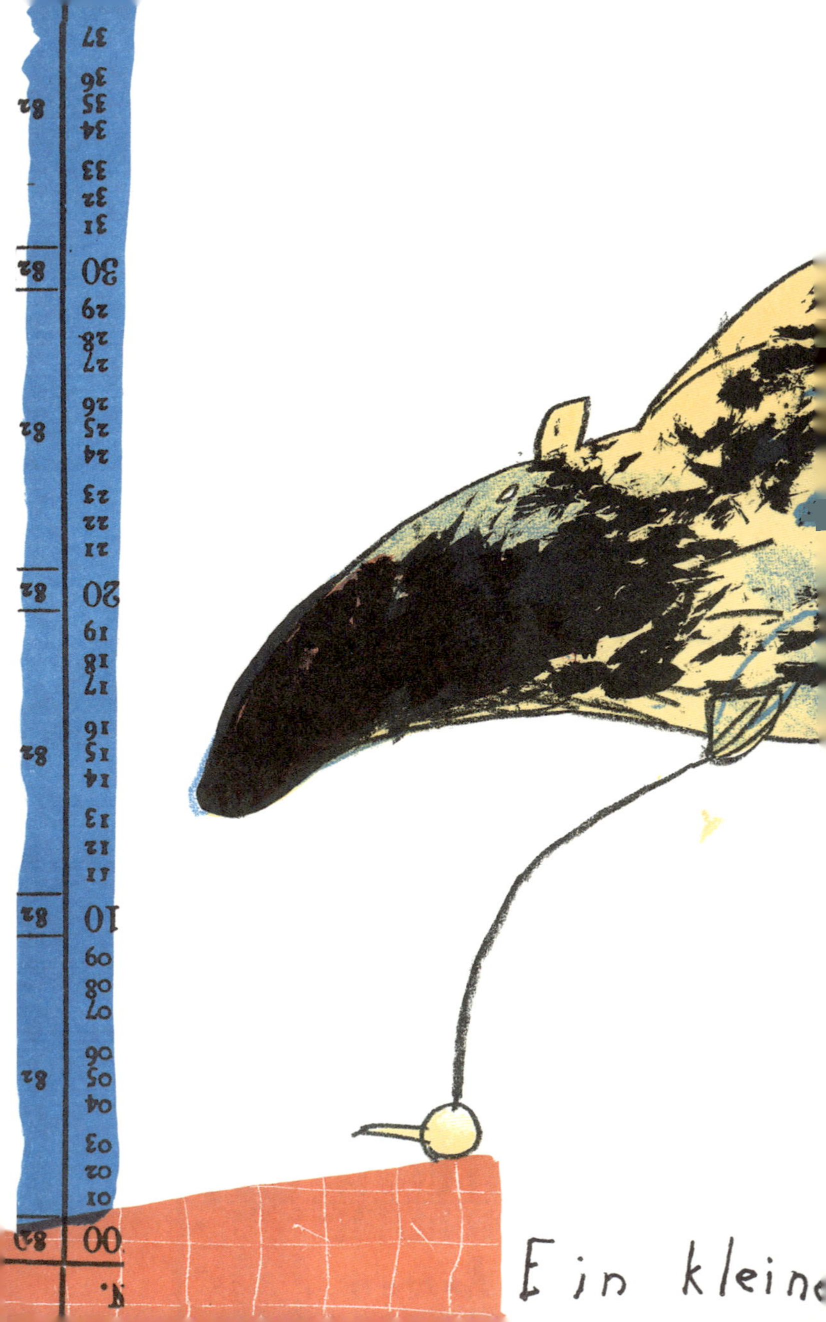

Ein kleine

Schwesterchen lag tot.

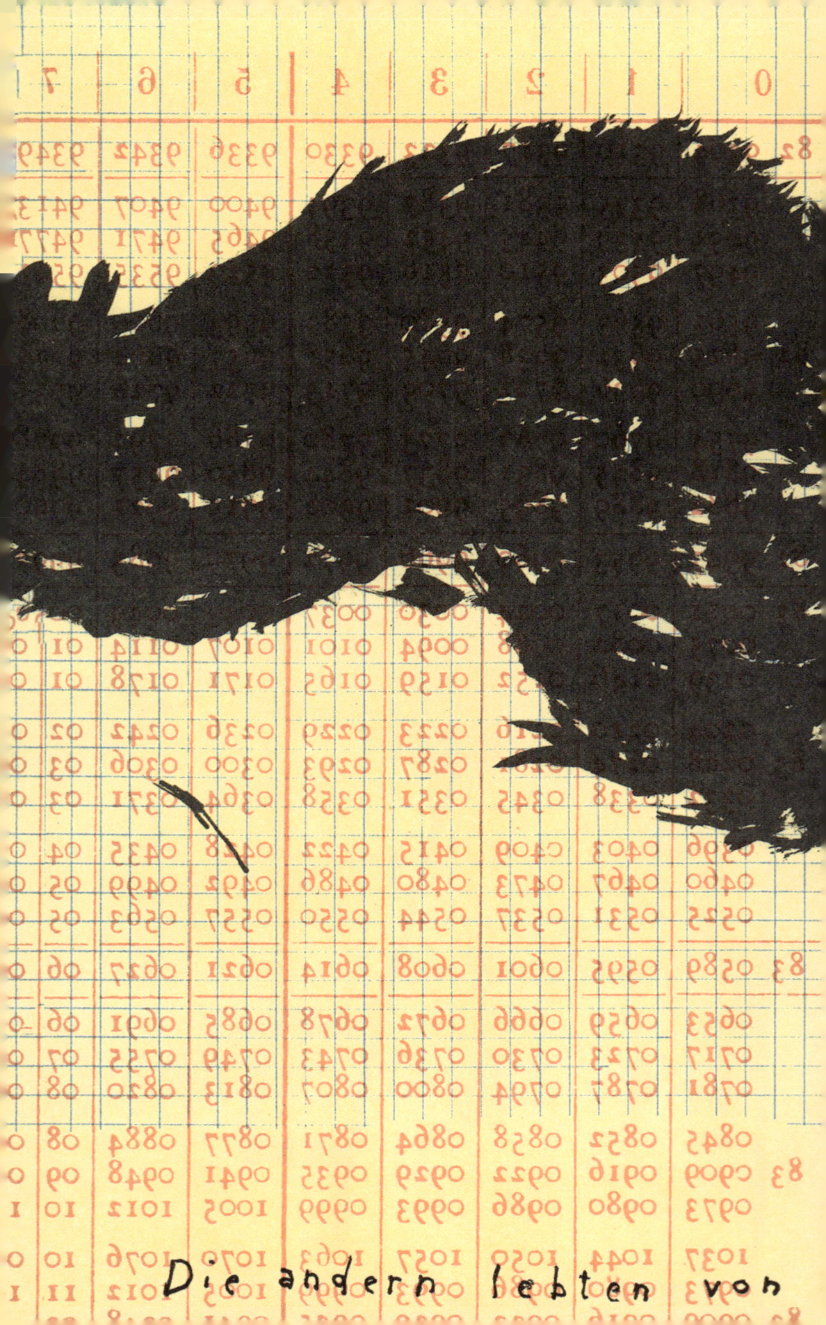
Die andern lebten von

Leber und Niere,

2 3 4 5 6 7
1997 2004 2010 2016 2022 2029
2060 2066 2072 2079 2085 2091
2122 2129 2135 2141 2147 2153
2185 2191 2197 2203 2210 2216
2247 2253 2260 2266 2272 2278
2310 2316 2322 2328 2335 2341
2372 2378 2385 2391 2397 2403
2434 2441 2447 2453 2459 2466
2497 2503 2509 2516 2522 2528
2559 2566 2572 2578 2584 2591
2622 2628 2634 2640 2647 2653
2684 2690 2697 2703 2709 2715
2746 2753 2759 2765 2771 2778
2809 2815 2821 2828 2834 2840
2871 2877 2884 2890 2896 2902
2934 2940 2946 2952 2959 2965
2996 3002 3008 3015 3021 3027
3058 3065 3071 3077 3083 3089
3121 3127 3133 3139 3146 3152
3183 3189 3195 3202 3208 3214
3245 3251 3258 3264 2247 2236
Tranke

2 3 4 5 6 7
2927 2933 2940 2947 2953 2960
2994 3000 3007 3014 3020 3027
3060 3067 3074 3080 3087 3094
3127 3134 3140 3147 3154 3161
3194 3201 3207 3214 3221 3227
3261 3267 3274 3281 3287 3294
3327 3334 3341 3347 3354 3361
3394 3401 3408 3414 3421 3428
3461 3468 3474 3481 3488 3494
3528 3534 3541 3548 3554 3561
3594 3601 3608 3614 3621 3628
3661 3668 3674 3681 3688 3694
3728 3734 3741 3748 3754 3761
3794 3801 3808 3814 3821 3828
3861 3868 3874 3881 3888 3894
3928 3934 3941 3948 3954 3961
3994 4001 4008 4014 4021 4028
4061 4068 4074 4081 4088 4094
4128 4134 4141 4148 4154 4161
4194 4201 4208 4214 4221 4228
4261 4268 4274 4281 4287 2933

as kalte Blut und hatten

hie

ine schöne Jugend v verlebt.

Und schön und

chnell kam auch ihr Tod:

Man warf si

Hesamt ins Wasser.

Ach wie die klei

Schnauzen quietschten!

1993

2083
2148
2214
2279
2345
2410
2475
2541
2606
2671
2737

Schöne Jugend (1912)

Der Mund eines Mädchens, das lange im Schilf gelegen hatte,
sah so angeknabbert aus.
Als man die Brust aufbrach, war die Speiseröhre so löcherig.
Schließlich in einer Laube unter dem Zwerchfell
fand man ein Nest von jungen Ratten.
Ein kleines Schwesterchen lag tot.
Die anderen lebten von Leber und Niere,
tranken das kalte Blut und hatten
hier eine schöne Jugend verlebt.
Und schön und schnell kam auch ihr Tod:
Man warf sie allesamt ins Wasser.
Ach, wie die kleinen Schnauzen quietschten!

Benn, Gottfried, Lyriker *1886 in
(Westprignitz) †1956 in Berlin

Wolf Erlbruch,
* 1948,
lebt und arbeitet
in Wuppertal

Die Edition Kunterbunt wird von Armin Abmeier herausgegeben.
Ratten von Wolf Erlbruch erscheint im August 2009.
Die Lithographien fertigte die Firma typocepta in Köln,
den Druck auf Munken pure besorgte das Memminger Medienzentrum,
die Fadenheftung die Buchbinderei Conzella/ Urban Meister in Aschheim-Dornach.

 ISBN 978-3-941087-72-9